Monique Federdale · Akutes Burn-out durch Mobbing

Monique Federdale

Akutes Burn-out durch Mobbing

FOUQUÉ PUBLISHERS NEW YORK

Copyright ©2011 by Fouqué Publishers New York
Originally published as *Akutes Burn-out durch Mobbing, 2010*
by August von Goethe Literaturverlag

All rights reserved,
including the right of reproduction,
in whole or in part,
in any form

First American Edition
Printed on acid-free paper

Library of Congress Cataloging-in-Publication Data
Federdale, Monique
[Akutes Burn-out durch Mobbing / Monique Federdale. German]
1st American ed.

ISBN 978-0-578-09472-4

Aus der Sicht einer akut Betroffenen

Ein Bild, das mehr als tausend Worte sagt. Worüber?

Bei genauerer Betrachtung und Interpretation dieses Bildes stellt man schnell die inhaltliche Nähe zum Thema Burn-out fest.

Tränende Augen, ein roter Sog, das Weltall als unendlich dunklen Raum.
Das Bild besticht durch eine starke emotionale Einbindung und einen markanten Charakter. Es gibt die innerliche Spaltung wieder und stellt das „Ausgebranntsein" farblich in den Vordergrund. Es spiegelt die innere Zerrissenheit sowie die Trennung der Einheit von Körper, Geist und Seele wider. Es ist ein Infarkt der Seele.

Inhaltsverzeichnis

Einleitung 9
Wie ich mit Burn-out in Kontakt kam 14
Symptomatik des akuten Burn-out-Syndroms 24
Warnsymptome für das Burn-out-Syndrom 31
Beschreibung des erlebten totalen Zusammenbruchs 34
Meine Rettung aus der Ausweglosigkeit 40
Persönliches Empfinden des totalen Zusammenbruchs
in der Übersicht 43
Vor dem Burn-out sah ich mich selbst 45
Nach dem Zusammenbruch 46
Maßnahmen zur Gegensteuerung 50
Die Reaktionen des unmittelbaren Umfeldes
auf mein Burn-out-Syndrom 56
Was ändert sich nach der Burn-out Erfahrung 58
Erste Hilfe bei Burn-out 61
Zielsetzung 65
Schlussplädoyer 67
Schlusswort der Autorin 68

Einleitung

Einer repräsentativen Studie aus dem Jahr 2006 zufolge leidet nahezu jeder vierte Deutsche unter dem Burn-out-Syndrom. Eine Krankheit, die viele Menschen an den Rand ihrer geistigen und körperlichen Verfassung bringen kann. Es gibt unendlich viele Ursachen für diese Krankheit, deren Behandlung so schwierig ist.

Erfahren Sie mehr zu einer Krankheit, deren Wurzel tief in unserer Gesellschaft steckt. Burn-out ist allgegenwärtig und wird heute weitgehend immer noch unterschätzt. Die wenigstens sind sich einem Burn-out bewusst. Doch wer nach Hilfe sucht, steht meist alleine da.

Stress und Überforderung in der Arbeit oder im familiären Leben, häufige negative Erlebnisse wie z. B. Mobbing, Frustration oder mangelnde Anerkennung.

In der Regel waren die Betroffenen aber vorher hochgradig motiviert, das Leben konzentrierte sich zunehmend auf die Arbeit und diese wurde mit maximalem Engagement ausgeführt. Typischerweise ist die Arbeitsleistung zunächst weit überdurchschnittlich, dafür werden das Privatleben und andere Interessen vernachlässigt – bis es dann zum Zusammenbruch kommt.
Burn-out ist also eher etwas, was gerade die Besten betrifft.

In der Vergangenheit war Burn-out eher in den Führungsetagen zu finden.
Mittlerweile zieht sich Burn-out durch alle Schichten sowohl beruflich als auch privat. Kommt Mobbing hinzu, reagieren die Menschen meist verhalten. Ein Tabu-Thema, welches gerne unter den Tisch gefegt wird. Aber gerade die Auseinandersetzung mit dem

Thema Mobbing erachte ich als besonders wichtig. Es ist ungeheuer schwierig, Mobbing zu erkennen und dagegen anzugehen. Ansonsten wird sich nichts ändern.
Am schlimmsten finde ich nicht nur Mobbing durch den Vorgesetzten, sondern darüber hinaus auch noch Mobbing im Team untereinander.
Mobbing ist ein sehr schweres Vergehen.

Vor allem Kollegen und Kolleginnen die darin involviert sind aber bei Betroffenen wegschauen. An sich auch schon ein Vergehen.

Wer schweigt, macht mit, wer Mobbing zulässt, stärkt es.

Mobber verbreiten Gerüchte über das Opfer, es wird vor anderen lächerlich gemacht und respektlos behandelt. Über persönliche und körperliche Schwächen machen sich die Mobber lustig. Mobber stellen die Leistungsfähigkeit infrage, stellen extrem hohe Anforderungen, bei denen das Opfer versagen muss, oder setzen es unter einen enormen psychischen Druck, indem sie seine Arbeit ständig kritisieren.

Über Gehässigkeiten oder Sabotageakte, die sich wiederholen, einfach hinwegzusehen, führt bei den Kollegen und Vorgesetzten meist dazu, sich besonders Gemeines einfallen zu lassen. Auch besondere Freundlichkeit ist hier fehl am Platze. Es bestärkt die Kollegen und Vorgesetzte in ihrem Verhalten, Sie „fertigzumachen". Bei Ihnen selbst erzeugt der Versuch, hinwegzusehen, starke innere Anspannung und auch Hilflosigkeitsgefühle. Und viele Betroffene sehen schließlich in der Kündigung den letzten Ausweg aus ihrer qualvollen Situation.

Auch wenn in regelmäßigen Abständen über Burn-out berichtet wird, ist es in Unternehmen immer noch ein Tabuthema. Aus Angst vor Konsequenzen aus dem persönlichen Umfeld oder vonseiten des Arbeitgebers bleiben die Betroffenen lieber unerkannt. Sie schweigen und verdrängen Burn-out solange, bis sie an ihre persönlichen Grenzen stoßen. Häufig wissen Sie aber auch nicht, wie sie mit Burn-out umgehen bzw. an wen sie sich wenden sollen.

Burn-out ist immer das Ergebnis aus einem lang anhaltenden und schleichenden Prozess. Die Krankheit zeigt Ihre Auswirkungen besonders in der Antriebslosigkeit und Lustlosigkeit. Jede Tätigkeit erfordert ungeheure Anstrengung. Burn-out kann zur eigenen Isolation und Hilflosigkeit gegenüber unlösbaren Umständen führen, bis hin zu Depression, Panikattacken, Ohnmacht und dem totalen körperlichen und geistigen Zusammenbruch.

Grob gesagt folgt auf die zu Beginn herrschende Euphorie eine Phase der Ernüchterung, welche dann im Weiteren über Apathie und Gleichgültigkeit schlussendlich in den Burn-out steuert.

Burn-out ist die Folge einer dauernden Überlastung. „Nein-Sagen" ist eine wichtige Angewohnheit. Wer immer anderen einen Gefallen tun möchte oder sich zu viel Arbeit im Job aufhalst, bleibt selbst auf der Strecke.

Vor allem in Zeiten der absoluten Aussichtslosigkeit, ist es besonders schwierig Hilfe und moralische Unterstützung zu finden. Krankenkassen und Ärzte teilen sich stets dieselben Standardempfehlungen, die meist nicht zum gewünschten Erfolg führen. Auf der Suche nach Hilfe sind die Opfer sich selbst überlassen.
Eine Situation, die unweigerlich zur Frustration führt. Doppelt schlimm für Betroffene, denn Frustration ist bereits fester Bestandteil der Diagnose Burn-out.

Ein wenig Burn-out ist wohl in uns allen. Vermutlich hat es seinen Sinn. Doch der wird ins Gegenteil verkehrt, wenn sich die Mühsal des Alltags in ein Leidensbild verwandelt, das den Betroffenen lautlos, aber unerbittlich hinabzieht in eine selbstzerstörerische Krankheit, deren Gefährlichkeit noch lange Zeit nicht erkannt wird.

Worin liegen die Ursachen für das Burn-out-Syndrom?

Bei der Entstehung des Burn-out-Syndroms spielen die äußeren Umstände eine bedeutende Rolle.

Einen idealen Nährboden bilden:

- hohe Arbeitsbelastung, Stress
- fehlendes oder wenig positives Feedback
- ständige Konfrontation mit Problemen z. B. durch Kunden
- keine klare Abgrenzung zwischen Beruf und Privatleben
- zu hohe oder unklare Erwartungen und Zielvorgaben
- Zerrissenheit zwischen den Erwartungen des Chefs, der Mitarbeiter, der Kunden
- mangelhafte Arbeitsorganisation, Strukturen und Rahmenbedingungen
- schlechte Teamarbeit, Konflikte, Kompetenzgerangel, Konkurrenzdenken
- Überforderung durch zu komplexe oder sich ständig ändernde Aufgaben
- drohender Arbeitsplatzverlust

Zu den äußeren Umständen muss noch eine zweite Komponente kommen, um am Burn-out-Syndrom zu erkranken: die Persönlichkeitsstruktur des Betroffenen mit ihren inneren Wünschen und Ängsten.

Wer vom Burn-out-Syndrom betroffen ist, merkt, dass etwas nicht stimmt. Die Leistungsfähigkeit hat in den letzten Wochen und Monaten rapide abgenommen. Jede noch so kleine Aufgabe verursacht Schweißausbrüche. Man fühlt sich nicht mehr in der Lage, den Alltag, das Leben zu bewältigen.

In diesem Zustand der totalen Erschöpfung zieht man sich zunehmend zurück, möchte in Ruhe gelassen werden, keine Menschen sehen, nicht schon wieder mit Erwartungen konfrontiert werden. Ratschläge wie „mach mal Urlaub" sind zwar gut gemeint, laufen aber ins Leere. Denn der „Akku" ist heiß gelaufen und im Gegensatz zu früher ist ein Aufladen auch nach so einer Auszeit nicht mehr möglich.

Wie ich mit Burn-out in Kontakt kam

> Lass den Abend die
> Fehler des Tages verzeihen
> und damit Frieden für sich
> selbst gewinnen.

Vor 18 Jahren begann ich meine Tätigkeit in einer Privatbank in der Privatkundenabteilung. Es handelte sich um einen sogenannten Front-Office-Platz. Es handelte sich um ein sehr renommiertes und ein so genanntes ehrenwertes Haus.
Die Fluktuation im gesamten Haus war ständig zunehmend aufgrund ständiger innerbetrieblicher Umstrukturierungen und Optimierungsmaßnahmen gegenüber den Mitarbeitern. Die Ängste und der Stress wuchsen ins uferlose. Das Verhängnis nahm seinen Lauf.

Mein dortiger Vorgesetzter konfrontierte mich immer öfter mit unfairen Verhaltensweisen. Mobbing stand irgendwann an der Tagesordnung und löste nach jahrelanger Tortur schwerstes Burn-out bei mir aus. Mein Vorgesetzter mobbte stets unter vier Augen und teilweise unterhalb der Gürtellinie. Innerbetrieblich hatte man eine Linie zu vertreten und gegenüber Kunden erst recht. Im Rahmen meiner Möglichkeiten ging ich dagegen an. Allerdings Frust und Ärger gingen stets zu meinen Lasten. Er betrieb eine Art Sklavenhaltung aber nicht nur mit mir, sondern auch andere Mitarbeiter wurden schlecht behandelt. Kurzum er hatte von Personalführung überhaupt keine Ahnung und die menschlichen Sorgen und Nöte interessierten ihn überhaupt nicht. Eine Standardaussage von ihm: Sie dürfen dies nicht menschlich sehen. Auch teure zweitätige Personalführungs-Seminare halfen nichts. Im Gegenteil, es wurde immer schlimmer. Immer öfter schleppte ich mich zur Arbeit und machte mir selbst Mut. Doch es nützte nichts. Die Konfrontationen nahmen ihren Lauf. Ich fühlte mich ausgeliefert. Meine ethischen und moralischen Vorstellungen kamen immer mehr ins schwanken. Ich konnte nicht mehr hinter den Zielvorstellungen des Arbeitgebers stehen. Zu groß waren die Gegensätze und vor allen Dingen, wie es den Mitarbeitern verkauft wurde. Irgendwann konnte ich nicht mehr hinter der Philosophie des Arbeitgebers stehen. Ich fühlte mich nur noch benutzt und ausgenutzt. Eine insgesamt unbefriedigende und belastende Situation.

Auch war mir schon lange vor meinem absoluten Zusammenbruch klar geworden, dass ich viel zu kopflastig geworden war. Die täglichen immer schneller werdenden Geschehnisse überrollten mich förmlich.

Schließlich hatte man gegenüber Kunden, Mitarbeitern und Abteilungen zu funktionieren. Ein immer stärker werdendes Unwohlsein beschlich mich. Absolut gefordert durch meinen in meinen Augen untragbaren Chef nahm das Verhängnis seinen Lauf. Mir war klar, da konnte ich überhaupt kein Land gewinnen. Es steht uns nicht zu, Menschen zu ändern. Doch in diesem Fall -ich dachte zumindest- gelingt mir die Spur eines Ansatzes. Leider vergeblich! Ich wollte dazu beitragen, dass menschliche Kälte, Farblosigkeit und Lustfeindlichkeit in Ihre Schranken verwiesen werden. Ich kämpfte hier aber vergeblich.
Und noch ein Punkt kommt hinzu: Neid!

Auch die Hierarchiequerelen finden hier einen nicht unerheblichen Ansatz.

Hier möchte ich noch eine Buchempfehlung aussprechen: "Rache am Chef" die unterschätzte Macht der Mitarbeiter. Passt wunderbar in die heutige Arbeitswelt.

Besonders in den letzten 4 Jahren wurden mir immer mehr Verantwortung und neue Arbeitsbereiche aufgedrückt. Ich fühlte mich wie ein Hamster im Rad. Abschalten war schon zu diesem Zeitpunkt kaum mehr möglich. Mir wurden immer mehr Schuhe der Verantwortung angezogen. Immer schneller, effizienter und perfekter hieß die Devise. Körperliches Unwohlsein, Schlafstörungen und Frustration kamen hinzu. Aufgrund von Kündigungen in der Abteilung geriet dann endgültig alles aus dem Ruder. Für den Rest der Mannschaft bedeutete dies noch mehr Einsatz und Überstunden. Zeit einen Arzt aufzusuchen und auszufallen war zu diesem Zeitpunkt kaum möglich.

Rückwirkend die Merkmale, die zu meinem akuten Burn-out führten:

- hohe Arbeitsbelastung
- schlechte Arbeitsbedingungen
- Zeitdruck oder zu großes Pensum in einem zu eng gesteckten Zeitrahmen
- schlechtes Betriebsklima
- zum Teil wenig tragfähige Beziehungen zu den Mitarbeitern
- wachsende Verantwortung
- schlechte Kommunikation unter allen Beteiligten (Arbeitgeber, aber auch Mitarbeiter untereinander)
- zu geringe oder überhaupt keine Unterstützung durch den Vorgesetzten
- wachsende Komplexität und Unüberschaubarkeit der Arbeitsabläufe
- unzureichender Einfluss auf die Arbeitsorganisation
- Hierarchieprobleme
- Verwaltungszwänge
- Verordnungsflut (gestern neu, heute zurückgenommen, morgen modifiziert usw.)

- Termin- und Zeitnot
- unpersönliches, bedrückendes oder intrigenbelastetes Arbeitsklima
- Mobbing durch den direkten Vorgesetzten
- ständige organisatorische Umstellungen, ohne die Betroffenen in Planung und Entscheidung einzubeziehen, bei Misserfolgen aber verantwortlich zu machen
- zunehmende, immer neue und vor allem rasch wechselnde Anforderungen
- keinerlei Anerkennung des persönlichen Einsatzes, der eigenen Initiativen, Engagements, ja Überengagement durch den Vorgesetzten
- Permanente Ausnutzung des direkten Vorgesetzten meiner Vorbildfunktion

Entgegen zu halten wäre der verantwortungsvolle Umgang mit dem Personal.

Doch die Wirklichkeit sieht anders aus. Das Betriebsklima wurde immer rauer. Dabei wird immer wieder auf folgendes hingewiesen: Explodierende Kosten und harte Wettbewerbsbedingungen fordern die Unternehmer immer mehr. Viele suchen dann Lösungsansätze in neuen Strategien, vergessen dabei aber oft den pfleglichen Umgang mit ihren Mitarbeitern.
Mit einer schlankeren Organisation wollen sich die meisten Unternehmen ihren Weg in die Zukunft ebnen. Dieser Kampf ums Überleben beeinflusst aber in zunehmendem Maße die innerbetriebliche Zusammenarbeit. So geht es zwischen den Mitarbeitern inzwischen mit immer härteren Bandagen zur Sache. Kommt es denn keinem in den Sinn, dass derart geistig und seelisch ausgelaugte, frustrierte Mitarbeiter alles andere als Türöffner zur Zukunft sind?
Gewarnt werden muss vor einer wachsenden innerbetrieblichen Kälte. Denn der seelisch-mentale Stressballast infolge rüden

Führungsverhaltens ist ein gefährlich unterschätzter Sprengsatz an den Fundamenten der Unternehmen: Die harte innerbetriebliche Gangart macht die Mehrzahl der Mitarbeiter bereits zu angeschlagenen Kämpfern, bevor sie überhaupt mit ihrer Arbeit begonnen haben.

Wo Führung ausschließlich als Powerplay mit Menschen und Mitteln betrieben und das innere Wohlbefinden der Belegschaft als Nebensache angesehen wird, heißt das Ergebnis nicht Erfolg, sondern Krise.

Für mich stand Anfang des Jahres 2008 fest, so kann es nicht weiter gehen. Selbst in einem dreiwöchigen Urlaub war ich nicht mehr fähig abzuschalten. Ich habe den Ausschaltknopf nicht mehr gefunden. Einer zweimalig beantragten Versetzung stimmte die Geschäftsleitung nicht zu. Ich musste bei diesem Vorgesetzten und meinem größten Widersacher und Erzfeind bleiben, der sich immer neue Möglichkeiten suchte, mich zu diskriminieren.

Eine Anerkennung bekam ich natürlich nie durch diesen Vorgesetzten. Stattdessen war Kritik an der Tagesordnung. Gegen konstruktive Kritik hatte ich nie etwas einzuwenden.

Kritik durch den Vorgesetzten nur der Kritik wegen habe ich nie verstanden.

Eine weise Aussage: „Hör auf die Worte deiner Kritiker. Sie verraten dir, was deine Freunde dir nicht erzählen. Lass dich nicht niederdrücken von dem, was die Kritiker sagen. Noch nie wurde zu Ehren eines Kritikers ein Denkmal errichtet, wohl aber für Kritisierte."

Es gab Tage und Wochen da lief es ganz gut und dann kamen wieder Attacken seinerseits. Die Situation wurde immer schlimmer und ich fand mich in einem ziemlich verpesteten Arbeitsklima wieder. Es wurde immer schwerer, einen geregelten Arbeitsablauf einzuhalten.

Gute Miene zum bösen Spiel lautete die Devise.

Erwähnen möchte ich hier noch, dass mir mein Arbeitsplatz im Großen und Ganzen stets Spaß gemacht hat. Auch der direkte persönliche Kontakt mit den Kunden lag mir sehr.

Im Nachhinein empfinde ich es als sehr frustrierend, für einen solchen Vorgesetzten tätig sein zu müssen. Der endgültige Zusammenbruch im Frühjahr 2008 wurde durch eine angekündigte aber nicht erhaltene Sonderzahlung seitens des Vorgesetzten ausgelöst. Es war das I-Tüpfelchen vom Eisberg. Hier konnte er mich aus seiner Position heraus am meisten treffen und diskriminieren. Die komplette Abteilung erhielt eine Sonderzahlung außer mir. Es wurde sogar offen über die Höhe der Sonderzahlungen untereinander gesprochen. Eine absolut beschämende Situation für mich. Ich fühlte mich nicht anerkannt. Schließlich war die Leistung erbracht worden und sollte mit dieser Sonderzahlung honoriert werden. In kürzester Zeit fand ich zum damaligen Zeitpunkt nach Befragung der Kolleginnen und Kollegen heraus, dass diese Sonderzahlungen höchstpersönlich von meinem damaligen Vorgesetzten überreicht worden waren.

Ich sprach ihn darauf hin an, er stritt es mit einem hochroten Kopf ab. Ich hatte ihn entlarvt!

Die Erkenntnis traf mich wie ein Schlag. Ich war erfolgreich durch diesen Vorgesetzten gemobbt worden.

Mobbing ist von Betroffenen anfangs zunächst schwer zu erkennen. Der/die Betroffene will es auch nicht wahrhaben, was mit ihm geschieht. Für Außenstehende ist der Mobbingprozess viel früher zu erkennen. Doch Warnhinweise oder gute Ratschläge von direkt in der Situation involvierten Beteiligten wollen Betroffene oft nicht hören.

Viele Hausärzte sind mit dem Burn-out-Syndrom als psychosomatische Erkrankung überfordert. Es ist schwierig zu sagen, an wen man sich wenden sollte. In jedem Fall an jemanden, der mit dem Syndrom Erfahrung hat.

Mein Hausarzt stellte mit Entsetzen die Diagnose "akutes Burn-out durch Mobbing": Eine äußerst niederschmetternde Diagnose. Man will die Diagnose als Betroffene zunächst nicht wahrhaben. Eine innere Abwehrhaltung tritt in Kraft.

Meine Blutdruckwerte waren bei 230/180 und mein Cholesterinwert bei 280.
Es drohte ein Herzinfarkt bzw. Schlaganfall. Monatelang hatte ich trotz Medikamente die utopischsten Werte.
Die Werte mussten schnellstmöglich stabilisiert werden und ich nahm über mehrere Monate Blutdrucktabletten ein. Ferner kamen Schwindelgefühle, Schlaflosigkeit und Panikattacken hinzu. Ich fühlte mich wie in einem Tunnel und hatte das Zeitgefühl verloren. Ich hatte für lange Zeit der Außenwelt nichts mehr zu sagen. Mein Körper war derartig blockiert, dass ich nur noch in Begleitung ärztliche Termine wahrnehmen konnte. Ich fühlte mich absolut isoliert und starrte über mehrere Monate apathisch die Wände an. Ich war nicht mehr zu erreichen.

Vor allen Dingen musste ich mich innerlich von vielen vertrauten Situationen und Menschen verabschieden. Ein äußerst schmerzhafter Prozess. Ich fühlte mich mitten aus dem Leben gerissen. Ich war verunsichert und geschockt. Der Schock saß tief.

Der Körper folgte mechanisch den Bedürfnissen. Ich fühlte mich im Stich gelassen. Vor allem hatte ich keine Hilfe für meine gebrochene Seele.

Das Schlimmste waren die immer wiederkehrenden monatelangen Panikattacken und Angstzustände. Eine Angst, die sich im Kopf abspielte. Die Angst davor je wieder an meinen Arbeitsplatz zurückkehren zu müssen. Mein Hausarzt sprach von massiven Depressionen. Ich wurde für das laufende Jahr krankgeschrieben. Auch überwies er mich in dieser Zeit für drei Wochen in eine sogenannte Burn-out Klinik. Dies entpuppte sich als absoluter Flop (eben eine günstige Einrichtung der Krankenkasse), denn dort wurde ich als Burn-out Opfer in einer Gruppe untergebracht. Ich fand mich bei Magersüchtigen, Selbstmordgefährdeten und Nervenleidenden mit einem völlig überforderten jungen Psychologen wieder.
Ein Burn-out Opfer in einer solchen Gruppe ist ein absolutes No-go.
Ich fühlte mich völlig deplatziert und auf absolut verlorenem Posten.
Da Burn-out ein sehr komplexes Gebiet umfasst, rate ich stets zu Einzelsitzungen. Ein Burn-out baut sich über Jahre im Betroffenen auf und sollte über einen langen Zeitrahmen in Einzelgesprächen therapiert werden.
Unbedingt von einem Therapeuten mit Burn-out Erfahrung!

Nach der für mich negativen Klinikerfahrung wurde ich von meinem behandelnden Arzt zu einem von ihm benannten Psychologen weiter überwiesen. Es sind meist Standardempfehlungen, die von den Ärzten ausgesprochen werden. Dieser Psychologe entpuppte sich als weiterer Flop. Mir brannte so viel aus der Seele und ich erhoffte mir Hilfe.
In einem grün gefliesten, sehr unpersönlichen Wartezimmer durfte ich drei Stunden auf meinen Termin warten. Zum damaligen Zeitpunkt (wir schreiben hier April 2008) wurde ich von massivsten Schwindelanfällen und Kreislaufproblemen geplagt. Ein sehr kühl wirkender, unsympathischer Psychologe erwartete mich dann im Sprechzimmer. Er schaute mich absolut verständnislos an und fragte

nach, was ich denn hier will. Ich wurde ja von meinem Hausarzt überwiesen. Mir war klar, hier stimmt die Medizin nicht. Das war kein Psychologe für mich. Außerdem fehlte ihm jegliche Erfahrung mit Burn-out-Fällen.

Am nächsten Tag saß ich absolut gefrustet wieder bei meinem Arzt im Sprechzimmer. Er schaute mich ebenfalls verständnislos an und verstand nicht, dass mir seine Empfehlung nicht helfen konnte. Mein behandelnder Arzt ist ein sehr guter Arzt für Allgemeinmedizin. Doch mit Burn-out Opfern hatte er null Erfahrung. Ich wurde weiter krankgeschrieben und versank zuhause in meinen Depressionen. Absolute Teilnahmslosigkeit erfasste mich. Alle gut gemeinten Anregungen von Außen halfen nichts. Ich blieb in meiner Isolation stecken. Ich durchlief ein Tal der Tränen, der absoluten Lustlosigkeit, Schlaflosigkeit, Hilflosigkeit. Ich fühlte mich absolut unverstanden. Meine Blutdruckwerte schwankten derart und das Ergebnis der Messungen waren utopische Werte über einen sehr langen Zeitraum. Von ärztlicher Seite wurde mir gesagt, das kann dauern.

Ich lag sowieso schon ganz unten am Boden aber mein Arbeitgeber trat nochmals nach. Zu diesem Zeitpunkt erhielt ich ohne Vorankündigung eine saftige, vollkommen ungerechtfertigte Abmahnung aufgrund meines krankheitsbedingten Ausfalls. Wohl- gemerkt war ich all die Jahre sehr selten krank. Ich funktionierte wie eine Atomzeituhr.

Die Krankmeldungen wurden meinem Arbeitgeber immer fristgerecht zugestellt. Eine herbe Enttäuschung für mich diese Abmahnung. Mit Unterstützung von Verdi wurde eine Gegendarstellung ausgearbeitet. Mein Blutdruck schnellte immens in die Höhe. Ich litt sehr unter dieser Ungerechtigkeit. Nach Ablauf der sechs Wochen des Krankseins wurde der Arbeitgeber monatlich schriftlich von mir informiert, dass ich bis auf Weiteres krank sein werde. Eine persönliche Nachfrage seitens des Arbeitgebers, was mir fehlte, erfolgte nie. Weder schriftlich noch telefonisch. Eine sehr große Enttäuschung nach 18 Jahren. Ein Blumenstrauß durch Fleurop wurde mir Anfang April 2008 zugestellt mit Genesungswünschen des Vorgesetzten und des restlichen Teams.

Anfängliche Anrufe der Kolleginnen und Kollegen (besser gesagt z.T. Freunde) blieben aus. Lediglich vor Weihnachten 2008 erhielt ich eine Weihnachtskarte.

Im Herbst 2008 schaltete sich die Krankenkasse ein. Ein zartes Nachfragen des zuständigen Betreuers, wie es denn bei mir gesundheitlich aussähe. Auch wieder der Fall von Burn-out Opfern keine Ahnung. Es wurde mir empfohlen, bei dem bisherigen Arbeitgeber zu kündigen und ab dem 1.1.2009 etwas Neues zu suchen. Weder im Herbst und Winter 2008 war ich körperlich und physisch in der Lage irgendwelche Schritte in diese Richtung zu unternehmen. Doch die Krankenkasse machte weiter Druck. 2009 habe ich daraufhin nach 35 Jahren die Krankenkasse gewechselt.

Symptomatik des akuten Burn-out-Syndroms

Das Burn-out-Syndrom kündigt sich nicht an.
Die Symptomatik ist sehr unterschiedlich und verläuft zunächst schleichend. Der oder die Betroffene ist sich dessen zunächst nicht bewusst. Eine an sich schon gefährliche Phase für Betroffene beginnt.

Im Verlauf einer Burn-out Erkrankung kommt es zu einem dramatischen Einbruch der emotionalen, sozialen, intellektuellen und körperlichen Leistungsfähigkeit.

Es ist ein beklagenswerter Zustand, der immer häufiger wird. Und der verhängnisvolle Konsequenzen für den Betroffenen und sein Umfeld hat: Beruf, Partnerschaft, Familie, Freundeskreis, nicht zuletzt für die Gesundheit.

Zu den Vorstufen eines Burn-out gehört auch das sogenannte Multitasking das sogenannte Gleichzeitigkeitsprinzip. Es ist die Fähigkeit an zwei oder mehreren Aufgaben gleichzeitig zu arbeiten. Telefonieren, E-Mails schreiben, die Zeitung scannen, simsen etc.
Eben wie eine Maschine zu funktionieren. Wer vieles parallel erledigt, spart Zeit!
Viele übertreiben das Multitasking über lange Zeiträume. Ständig auf Hochtouren laufen kann nicht gut gehen. Es ist schwer sich nur auf eine Aktion einzulassen bzw. geht gar nicht. Oftmals sind wir an den Arbeitsplätzen dazu gezwungen und das führt automatisch zu ungesundem Stress. Das Multitasking ist ein Feind und treibt Betroffene noch schneller in ein Burn-out.

Erschwerend kommt hinzu, dass die Symptomatik individuell unterschiedlich ist. Es gibt keine Maßeinheit für Erschöpfung oder

Distanzierung zur Außenwelt. Es handelt sich dabei um ein persönliches Empfinden, welches der behandelnde Arzt einzuschätzen lernen muss. Er muss unterscheiden, ob es sich um ein Burn-out-Syndrom, eine ausgeprägte Depression oder aber vielleicht sogar das chronische Müdigkeitssyndrom handelt.

Viele Betroffene scheuen den Gang zum Arzt, da sie sich ihrer Problematik nicht bewusst sind oder sie gar verdrängen. Nicht selten werden begleitende körperliche Beschwerden über einen längeren Zeitraum hingenommen in der Hoffnung, dass sie von allein wieder verschwinden. Zudem sind trotz diverser Aufklärungsbemühungen psychische Erkrankungen in unserer Gesellschaft nicht selten ein Tabu-Thema, über welches die Betroffenen ungern sprechen, da sie Angst haben, nicht ernst genommen zu werden. Sie vergleichen ihre Situation mit anderen und sehen, dass andere mit der gleichen Situation äußerlich viel entspannter umgehen. Sie fragen sich, warum sie das nicht können, was bei ihnen falsch läuft und setzen sich weiter unter Druck. Sie glauben, der Gang zum Arzt oder gar Psychologen bedeutet, für nicht ganz normal gehalten zu werden (und wer will das schon?), also verdrängen sie die immer größer werdenden Probleme weiter bis hin zum völligen Zusammenbruch.

Menschen mit einem Burn-out-Syndrom sind wortwörtlich ausgebrannt und erschöpft. Burn-out ist ein Prozess physischer und seelischer Erschöpfung, der sich über einen langen Zeitraum entwickelt. Gegen diese Erschöpfung kämpft der Körper aktiv an. Im Gegensatz zur Depression wird ein Burn-out-Syndrom meist durch die Arbeit verursacht und von einigen Experten auch rein auf das Berufliche beschränkt. Burn-out-Betroffene sind müde, weil die Kraft weg ist. Aufgrund übermäßiger emotionaler Belastung geht den Betroffenen zunehmend Energie verloren. Der Burn-out-Prozess wird von Experten in verschiedene Phasen eingeteilt. Die Übergänge sind fließend und schwer voneinander abzugrenzen.

Grundsätzlich leidet ein Mensch immer dann im Burn-out, dem totalen psychischen und körperlichen Erschöpfungszustand, wenn er permanent seine Kraftreserven aufbraucht und dem Körper keine Möglichkeit gibt, sich zu erholen. Häufig kommt es dazu, wenn der Betroffene übermäßig engagiert und ehrgeizig ist und sich ständig selbst unter einen hohen Erfolgsdruck setzt. Als mögliche Risikofaktoren gelten Idealismus, Verantwortungsbewusstsein, Übereifer, Perfektionismus, Zwanghaftigkeit sowie der Wunsch, alles selbst machen zu wollen.

Nach und nach wird das (Über-)Engagement auch durch eine sich langsam, aber unerbittlich ausbreitende Erschöpfungsphase gleichsam ausgebremst: Jetzt drohen verminderte Belastbarkeit, wachsende Stimmungslabilität und vor allem eine bisher nicht gekannte Erholungsunfähigkeit. Die Betroffenen werden müde, z. B. im Sinne einer eigenartigen, alles durchdringenden Mattigkeit. Am Ende drohen sogar rasche Erschöpfbarkeit und schließlich regelrechte Kraftlosigkeit. Dazu kommt ein sonderbares Phänomen, nämlich „müde, matt und abgeschlagen" nach außen, innerlich aber unruhig, nervös und gespannt, mitunter sogar reizbar.

Aber auch äußere Faktoren spielen bei der Entstehung des Burn-out-Syndroms eine Rolle: zunehmender Zeit- und Leistungsdruck, wenig individuelle Gestaltungsmöglichkeiten im Job, die Furcht den Arbeitsplatz zu verlieren, schlechte Bezahlung bei hoher Verantwortung, Überforderung und vor allen Dingen Mobbing. Zudem fehlt den meisten Betroffenen eine ausreichende Rückmeldung auf das eigene Engagement oder die Unterstützung durch das private und berufliche Umfeld.
Es ist nicht verwunderlich, dass vor allem Personen in sozialen Berufen wie Ärzte und Pflegekräfte vom Burn-out betroffen sind. Sie reiben sich häufig für andere auf, können irgendwann keine emotionalen Grenzen mehr zwischen Beruf und Privatleben zie-

hen und stellen ihre eigenen Bedürfnisse oft hinten an. Diese ständige Anspannung geht an die Reserven, Abschalten in der Freizeit funktioniert nicht (mehr) – der Weg ins Burn-out ist geebnet.

Am Beginn einer Burn-out-Krise wirken die Betroffenen alles andere als krank. Im Gegenteil: Sie sind aktiv, sprühen vor Ideen und leisten freiwillig Mehrarbeit. Sie vermitteln den Eindruck, unentbehrlich zu sein, und eigentlich haben sie nie mehr richtig Zeit. Dabei verleugnen sie immer mehr ihre eigenen Bedürfnisse. Die zwischenmenschlichen Kontakte bleiben auf der Strecke – erst die zu Bekannten und Freunden. Die Partnerschaft wird vernachlässigt.

Das Burn-out-Syndrom schleicht sich häufig so langsam in das Leben der Betroffenen ein, dass der Beginn der Erkrankung meist erst rückblickend erkannt werden kann. Es fängt ganz harmlos damit an, dass man sich über eine Woche lang schlapp fühlt und zu nichts Lust hat, weder zur Arbeit noch zu etwas anderem. Dieser Zustand führt nicht automatisch zum Burn-out-Syndrom er kann aber der Anfang sein. Der Prozess der Erkrankung wird oft von Phasen unterbrochen, in denen es den Betroffenen besser geht.

Es ist ein Zermürbungsprozess, der durch einen inneren Kampf begleitet wird und einen immer größer werdenden inneren Widerstand entwickelt. Dieser Widerstand wird ausgelöst durch einen permanent bzw. regelmäßig auftretenden tief verletzenden oder enttäuschenden Vorgang dem Betroffene ausgesetzt sind und dem sie sich nicht entziehen können.

Die erste Phase ist geprägt von Hyperaktivität. Diese Anfangszeit kann sich zwar über einen sehr langen Zeitraum ziehen, wird aber von Betroffenen nicht als solche wahrgenommen, weil sie keinen Leidensdruck hervorruft. Ganz im Gegenteil: Die Betroffenen sind leistungsfähig, fühlen sich unentbehrlich. Sie haben hohe Anforderungen an sich selbst und eventuell auch an Mitarbeiter.

Im weiteren Verlauf nimmt die Leistungsfähigkeit ab, die Unzufriedenheit wächst. Burn-out-Betroffene haben zunehmend das Gefühl, keine Zeit zu haben. Sie fühlen sich austauschbar und verhalten sich distanziert. Betroffene werden passiv und verlieren das Interesse.

In der zweiten Phase der Burn-out-Entstehung kommt es zu einer Stagnation, wobei die Betroffenen (Burn-out-Bedrohten) zwar noch immer ihre Arbeit oder Tätigkeiten erledigen, jedoch ist diese längst nicht mehr so reizvoll, um sie sich als Mittelpunkt des Lebens vorzustellen. Man hat genug von der Realität erfahren, um sich nun wieder mehr den eigenen Bedürfnissen zu widmen. Aspekte der Vergütung, des beruflichen Aufstieges und die Einhaltung der Arbeitszeiten treten zunehmend in den Vordergrund.

In der dritten Phase macht sich eine Art Frustration breit. Frustration entsteht durch Ohnmacht (das ist die Differenz zwischen Wunsch und Möglichkeit). Den Helfenden stellt sich die Frage nach der Effektivität und dem Wert ihrer Arbeit und ihrer Tätigkeiten. Dominiert die Einschätzung des eigenen Handelns als wenig effektiv oder gar uneffektiv, da sie vielleicht auf Grund fehlender Versorgungsangebote den Klientinnen nicht helfen können, geht den Helfenden der Sinn ihrer Arbeit verloren und sie werden zunehmend frustriert. Verschiedene Beschränkungen in der Arbeitssituation stellen sich nun nicht nur als unbefriedigend dar, sondern erscheinen als Bedrohung für den kompletten Sinn der Betätigung. In dieser Phase können emotionelle, physische und disziplinäre Probleme auftreten.

Die vierte Phase der Burn-out-Entstehung ist von Apathie gekennzeichnet: Apathie stellt einen typischen und natürlichen Abwehrmechanismus gegen Frustration dar. Mit Apathie bezeichnet man die Teilnahmslosigkeit, die Leidenschaftslosigkeit oder die mangelnde Erregbarkeit. Apathische Menschen sind sozusagen unempfindlich gegenüber äußeren Reizen. Wird jemand in der Arbeit oder bei seiner Tätigkeit unablässig oder sehr häufig frustriert, ohne eine Möglichkeit zu haben die Stelle zu wechseln, die Arbeit sich sozusagen als überlebensnotwendig darstellt, tritt dieser Abwehrmechanismus in Erscheinung. Apathie bedeutet nur noch Dienst nach Vorschrift zu leisten und den möglichst geringsten zeitlichen Aufwand zu investieren. Das Augenmerk liegt vielmehr nun darin, die eigene gesicherte Position nicht zu gefährden, obwohl diese sich zwar als inadäquat erweist, aber trotzdem eine Entschädigung für den Verlust der Befriedigung in der Arbeit darstellt.

In der Endphase des Burn-out-Prozesses ist der Leidensdruck so groß, dass sich Betroffene Hilfe suchen müssen. Sie leiden an Hoffnungslosigkeit und Panikattacken. Sie haben ihre eigenen Ziele aus den Augen verloren.

Es sind die verschiedensten Momente, Situationen und Szenarien, in denen Angstzustände und Panikattacken Betroffene überfallen. Beim Restaurantbesuch, im Kaufhaus, beim Autofahren, im Zug, im Flugzeug, im Bus, beim Überschreiten großer, weiter Plätze und Flächen, bei Familienfeiern, im Fahrstuhl usw.

Alltägliche und ganz normale Abläufe und Handlungen werden für Angstbetroffene zur Tortur. Für Außenstehende schwer, nein, überhaupt nicht nachvollziehbar.

Wie auch bei der Depression gibt es unterschiedliche Auslöser für ein Burn-out-Syndrom. Wie in der Definition beschrieben, wird das Burn-out-Syndrom meist auf den Beruf beschränkt. Hier werden die Ursachen des Prozesses gesucht. Es gibt aber zusätzlich auch innere

Faktoren, die zu einem Burn-out beitragen. Zu den beruflichen Faktoren zählen mangelnder Respekt, Vertrauensverlust, Überlastung und zu wenig Lohn und Anerkennung. Ergänzt werden diese Umstände durch innere Faktoren. Diese treten aber nicht allein als Auslöser für ein Burn-out-Syndrom auf. Zu den Faktoren zählen zu große Erwartungen an sich selbst, Perfektionismus und Selbstzweifel an den eigenen Fähigkeiten.

Warnsymptome für das Burn-out-Syndrom:

In der Anfangsphase der Entstehung eines Burn-out-Syndroms gibt es charakteristische Merkmale für die Entstehung eines Burn-out-Syndrom. Zu diesen Anfangssymptomen des Burn-out-Syndroms gehören beispielsweise:

- extremes Engagement für ein bestimmte(s) Ziel(e)
- Hyperaktivität
- chronische Müdigkeit und körperliche sowie geistige Erschöpfung
- praktisch pausenloses arbeiten und das Arbeiten zum wichtigsten Lebensinhalt machen
- Verzicht auf Erholungsphasen und Entspannungsphasen
- die Menschen fühlen sich unentbehrlich
- die Menschen ignorieren (zunehmend) ihre eigenen Bedürfnisse
- möglicherweise Gewichtsabnahme und Mangelerscheinungen durch unzureichende Ernährung bei gleichzeitig erhöhtem Bedarf
- Konzentrationsschwäche, Schlafstörungen (Einschlafstörungen und Durchschlafstörungen)
- Drehschwindel und Neigung zu (Pseudo)Tinnitus
- Angstzustände
- mechanisches „Funktionieren"
- es entwickelt sich ein starker Widerwille, täglich zur Arbeit zu gehen
- Dünnhäutigkeit
- Ungeduld

es kommt vermehrt zu depressiven Reaktionen und Rückzug.

Die Betroffenen werden immer tiefer in die Isolation und damit in einen Teufelskreis, aus dem es aus Sicht des Betroffenen kein Entrinnen zu geben scheint, getrieben. Ausprägung und Verlauf des Burn-outs sind individuell verschieden und hängen stark von der Persönlichkeit des Betroffenen und seinem Umfeld ab. In der ersten Phase wechseln sich Überaktivität und Erschöpfung ab. Kritisch wird es, wenn der Betroffene in seiner Freizeit nicht mehr ausreichend neue Energie tanken kann. In der zweiten Phase stumpft er emotional ab und zieht sich immer mehr zurück. In der dritten Phase geht schließlich seine Leistung zurück, womit er in einem Teufelskreis angelangt wäre. Durch seine geringere Leistung bekommt er weniger positive Rückmeldungen, was ihn noch mehr resignieren und weniger belastbar werden lässt. Diese Phase endet meistens mit einer Krankmeldung, manchmal aber sogar mit einer Kündigung oder dem Vorruhestand.

Neben einer schweren Abgeschlagenheit, die mindestens mehr als sechs Monate andauert und welche die Aktivität des Erkrankten stark einschränkt, zeigt das Burn-out-Syndrom einige unspezifische Symptome. Kopf-, Muskel- und Gliederschmerzen, Durchfall oder Verstopfung, Ohrengeräusche, Schwindelgefühle, Müdigkeit,

Konzentrationsstörungen, Lustlosigkeit und Reizbarkeit können auftreten. Zudem wirken die Betroffenen häufig unruhig, nervös, pessimistisch, unmotiviert, entscheidungsschwach und wenig selbstbewusst. Die Unfähigkeit sich zu entspannen, eine andauernde Unzufriedenheit sowie die Klage über verminderte geistige und körperliche Leistungsfähigkeit stehen bei Burn-out-Patienten meist im Vordergrund. Ihren körperlichen Beschwerden schenken sie meist weniger Beachtung.

Besonders betroffen sind Menschen, die sich allein durch ihren beruflichen Erfolg definieren. Diese haben bereits in Kinderjahren gelernt, dass nur hervorragende Leistungen dazu führen, geliebt und geachtet zu werden.

Einige der schwerwiegendsten Konsequenzen konzentrieren sich auf den Arbeitsplatz. Die negative Einstellung zur Arbeit wächst und zeigt sich unter anderem im Dienst nach Vorschrift. Berufliche Kontakte werden zum Fall, zum Vorgang oder zur Bearbeitungsnummer degradiert und damit erlischt die innere Beziehung. Es kommt zu einer ungewohnten seelischen Verhärtung, schließlich sogar verflacht das Gemütsleben. Die mangelnde Sensibilität für die eigenen Belange bleibt dabei unverändert. Am Ende regieren meist nur noch Ironie, Sarkasmus und Zynismus.

Bei mir trat anfangs ein allgemeines körperliches Unwohlsein auf. Ich reagierte immer lust- und antriebsloser. Die tägliche Routine ging mir gegen den Strich. Ich fühlte mich langsam aber sicher den täglichen Anforderungen nicht mehr gewachsen. Mehr oder weniger erschien mir mein bisheriges Berufsleben aussichtslos. Mir wurde alles zu viel. Besonders die zum Teil doch sehr massiven Auseinandersetzungen mit dem damaligen Vorgesetzten belasteten mich schwer. Ein Abschalten war zu diesem Zeitpunkt schon lange nicht mehr möglich. Die Frustration wuchs ins uferlose. Verzweifelt suchte ich nach einem Ausweg.
Hinzu kamen Schlafstörungen, Herzrasen und zunehmend Schwindelgefühle.

Beschreibung des erlebten totalen Zusammenbruchs

> Selbstvertrauen ist der
> Grundstein des Lebens.
> Entferne es und das
> Leben zerfällt.

Ein akutes Burn-out-Syndrom geht einher mit dem totalen Verlust des Selbstvertrauens.
Ein Infarkt der Seele.
Das ganze bisherige Leben steht Kopf und wird als aussichtslos erlebt. Eine absolute Perspektivenlosigkeit greift hier. Es wird alles infrage gestellt, besonders das bisher Erreichte. Im wahrsten Sinne des Wortes ist der Boden unter den Füßen verloren.
Hoffnungslosigkeit und Angst machen sich breit verstärkt mit Selbstzweifel.
Ich war mir selbst fremd und mittlerweile meilenweit von mir selbst entfernt.
Die bisher von mir erlebte Selbstverständlichkeit dem Leben gegenüber war für mich in weite Ferne gerückt. Es galt, mein bisheriges Leben mir selbst gegenüber neu zu definieren. Eine wahnsinnige Herausforderung in meinem desolaten Zustand. Ich fühle mich innerlich zerrissen und stehe meiner Situation ohnmächtig und machtlos gegenüber. Ich sehe mich mit der absoluten Ausweglosigkeit und Hilflosigkeit konfrontiert.

Ein fürchterlicher innerlicher Spalt tat sich auf. Auf der einen Seite siehst Du Dich selbst wie Du einst über viele Jahre funktioniertest und auf der anderen Seite die jetzige Situation. Es wird wie ein Tunnel mit Sogwirkung empfunden und am Ende des Tunnels suchst Du Dich selbst. Ein absolut erdrückendes und beängstigendes Gefühl. Es wird alles als trostlos und hoffnungslos empfunden. Fürchterliche innerliche Kämpfe spielen sich ab. Wut, Trauer, Schmerz, Verzweiflung und Hilflosigkeit machen sich breit. Eine wahre Achterbahn an Gefühlen.

Du fühlst Dich nicht abgeholt, irgendetwas ist verloren gegangen. Du selbst bist verloren gegangen. Es sind zerstörerische innerliche Kräfte am Werk. Der innerliche massive Kampf wieder zu werden, wie Du warst oder die mit aller Kraft aufkommende Transformation zuzulassen mit allen Folgen. Die Folgen sind allerdings zu diesem Zeitpunkt noch nicht absehbar.

Wie fühlte ich mich selbst:

- Ich bin müde
- Ich fühle mich niedergeschlagen
- Ich bin körperlich erschöpft
- Ich bin emotional erschöpft
- Ich bin „erledigt"
- Ich bin „ausgebrannt"
- Ich bin unglücklich
- Ich fühle mich abgearbeitet
- Ich fühle mich wertlos
- Ich fühle mich gefangen
- Ich bin meiner überdrüssig
- Ich bin bekümmert
- Ich bin über andere verärgert und enttäuscht
- Ich fühle mich schwach
- Ich fühle mich hoffnungslos
- Ich fühle mich zurückgewiesen
- Ich habe Angst

Angst vor was? Ich weiß es selbst nicht so genau. Das komische Gefühl war einfach da und wurde immer schlimmer. Es war wie eine Beklemmung, einfach, als wenn jemand einem die Kehle zuhält, allerdings weiter unten. Mit der Zeit kamen wahnsinniges Herzklopfen und Pulsrasen hinzu. Die Panik war da. Ich hatte nur noch Angst vor der Angst, dass mein Herz stehen bleibt und ich tot umfalle. Ich stand lange Zeit morgens auf und wusste nicht, wie ich den Tag überstehen sollte.

Die Angst- und Panikattacken treten aus heiterem Himmel in Alltagssituationen auf.
Ich verspürte körperliche Beschwerden wie z. B. Herzklopfen, Schweißausbrüche, Atembeschwerden. Beklemmungsgefühle, Schwindel, Unwirklichkeitsgefühle, Kälteschauer, Todesangst. Eine Entlastung und das Nachlassen der Angst verspürte ich beispielsweise nur, wenn andere Menschen dabei waren.

Verschriebene Antidepressiva und Schlaftabletten habe ich nie eingenommen.

Ich fühle mich zutiefst verunsichert von den körperlichen Reaktionen und möchte eine solche Panikattacke unter keinen Umständen mehr erleben wollen. Ich beginne deshalb, die Situation, von der ich glaube, dass sie den 1. Anfall ausgelöst hat, zu vermeiden. Ich stelle mir immer wieder diesen 1. Anfall vor und erzeuge damit allein mit ihrer Vorstellung wieder eine ähnliche Anspannung im Körper. Die Meidung weitet sich schließlich aus. Die Angst vor der Angst entsteht. Der Körper gerät in Stress. Ich ziehe mich von der Umwelt zurück und werde depressiv.

In meiner schlimmsten Phase konnte ich das Haus nicht mehr ohne Panikattacken verlassen. Ganz normale Orte, wo Menschenansammlung waren. Ständig war mir schwindelig und ich bekomme das Gefühl, dass ich umkippe und ich habe das Gefühl nicht mehr den Boden unter meinen Füßen zu spüren. Sie wissen gar nicht, wie es in mir aussieht.

Und die Tiefe nimmt Dich gefangen. Unablässlich! Und die Tiefe reist mit Dir. Sie ist neben der Angst die einzige Begleiterin auf Deinem Weg. Du lernst Facetten von Dir kennen. Ungeahnte Bilder tun sich vor Dir auf. Die bisher getroffenen Entscheidungen erweisen sich als nichtig. Es verschwimmen Zeit und Raum für Dich.

Die Realität wird wenn überhaupt nur noch am Rande wahrgenommen. Jeglicher Einfluss von außen wird als massiv störend empfunden. Ich war mir selbst fremd geworden und bekam Angst vor mir selbst.

Genau jene Außenwelt ist es, die Dich selbst verletzt und zu Boden brachte. Genau von dieser bisherigen Außenwelt distanzierst Du Dich zum eigenen Schutz. Das Empfinden ist ein zu viel von außen.

Erholung und Entspannung sind das Zauberwort.

Aber wie in dieser schwierigen Phase die rettende Mitte finden? Aufgrund der beeinflussenden Umstände und zum Teil als erdrückend empfunden schier unmöglich.
Der/die Betroffene igelt sich ein. Es gibt kaum ein Entrinnen. Zarte, erste Versuche des Betroffenen werden zumeist bereits im Ansatz durch die falschen Reaktionen des unmittelbaren Umfeldes erstickt. Der/die Betroffene resigniert erneut.

Es müssten/sollten schon ein paar kleine Wunder geschehen auf diesem Weg nach außen. Darauf sind Betroffene angewiesen.
Und sie können und möchten so vielen noch nicht Betroffenen einiges auf ihrem Weg mitgeben.

Ich fühlte mich in meinem Unglück gefangen. Ich empfand alles aussichtslos. Selbstzerstörerisch nagte die Enttäuschung und Verzweiflung an mir. Du wirst mit voller Wucht auf Dich selbst zurückgeworfen und empfindest Dich selbst als gestrandet. Das offene Meer kannst Du in dieser Phase allerdings nicht mehr erreichen. War ich in der Vergangenheit ein zumeist positiv denkender Mensch, spürte ich in dieser Phase meine eigene traurige Ausstrahlung sehr deutlich und war unfähig, ja blockiert, dagegen anzukämpfen.. Ich war tief verletzt worden.

In meiner schlimmsten Phase lernte ich mithilfe der Therapeutin zu lieben, was noch von mir übrig war.

Ich brauchte ganz schön lange, mich von den letzten 18 Jahren zu verabschieden. Gleichzeitig nahm ich zunächst unbewusst wahr, dass ein neuer Lebensabschnitt für mich beginnt.
Auch breitete sich immer stärker der Wunsch in mir aus, mich von dem alten Ballast der letzten Jahre zu trennen im Inneren wie im Äußeren. Ich fing an aufzuräumen, Bilanz zu ziehen. Schritt für Schritt. Ein langer und auch schmerzhafter Prozess.

Die Vergangenheit holte mich zwischendurch immer wieder ein. Langjährige sogenannte Freundschaften zerbrachen. Es war äußerst wichtig, einen endgültigen Schlussstrich unter die Vergangenheit zu ziehen.

Ich sah mich selbst für lange Zeit nur noch als nackter Mensch. Mithilfe der Therapeutin gelangte Stück für Stück wieder meine Selbstliebe zurück. Ich lernte wieder liebevoller mit mir selbst umzugehen.

Auch habe ich erkannt, dass wir nicht wegen erbrachter Leistungen geliebt und anerkannt werden. Ich lernte wieder mich selbst anzunehmen mit allen Facetten der Persönlichkeit. Ich nenne es die ganz persönlich erlebte innerliche Transformation von mir selbst.

Auch das Gefühl alles kontrollieren zu wollen und alles im Leben im Griff zu haben war ein hartes Stück Arbeit die Zwänge abzulegen. Ich lernte mich mithilfe der Therapeutin wieder selbst näher kennen und schätzen. Auch musste der Zwang abgebaut werden, sich selbst und anderen etwas beweisen zu müssen.

Rückblickend empfinde ich es allerdings als wirklich innere Befreiung. Hin und wieder gibt es schon Augenblicke, wo wieder die alten und überholten Raster greifen wollen. Ich habe jetzt aber gelernt, damit umzugehen.
Ein Leben unter Zwang kommt für mich nicht mehr in Frage.

Auch werden Mobber nie wieder eine Chance bei mir haben. Ich habe gelernt, damit umzugehen und sehr feine Antennen dafür entwickelt, Mobbing schon in den Ansätzen zu erkennen.

Ich bin durch die tiefsten Tiefen der menschlichen Seele gegangen und heute nach 2 Jahren weiß ich, dass es zu schaffen ist. Allerdings verbunden mit viel Selbstarbeit, abarbeiten der alten Raster und Zwänge, sich selbst wieder akzeptieren, wie man ist, ohne eine Leistung dafür erbracht zu haben. Leben lernen ohne Druck und Stress, Kleinigkeiten und Glücksmomente wieder schätzen und genießen lernen. Lebensfreude entwickeln und sich selbst wieder Wertschätzung entgegen bringen. Mit den richtigen Waffen gerüstet gestärkt aus der Krise hervorgehen.

Flucht aus der vermeintlichen Alltagsroutine ist ebenfalls hilfreich. Denn nichts hasst ein Burn-out Opfer mehr als die immer wiederkehrenden Abläufe des Funktionierens.

Es ist arbeitsreich, das eigene Leben komplett umzukrempeln, aber es lohnt sich, wenn auch mit dem einen oder anderen Rückschlag.

Meine Rettung aus der Ausweglosigkeit

> Lebenskrisen sind positiv.
> Sie sind Zeichen für einen Entwicklungsschritt,
> der zu größerer innerer Freiheit führen kann.
> Denn sie bieten die große Chance, jenseits von überkommenen Verhaltensregeln und Anpassungsnormen
> zu dem individuellen Selbst vorzustoßen.

Wegen der Verschiedenartigkeit des Krankheitsbildes kann es keine standardisierte Therapie geben, sie muss sich vielmehr nach der individuellen Diagnose richten. In jedem Fall gilt: Je früher man mit der Behandlung beginnt, desto besser. In der letzten Burn-out-Phase, wenn die Leistung bereits gesunken ist, braucht der Patient meist eine Psychotherapie.
Der Therapeut sollte in einfühlsamen Gesprächen herausfinden, welche psychischen Probleme und Belastungen zum Ausbruch der Krankheit geführt haben. Seine Aufgabe ist es, den Betroffenen wieder zu einer gesunden und geordneten Lebensführung zurückzubringen - vor allem was die Faktoren Schlaf, Erholungsbedarf, Ernährungsverhalten und körperliche Aktivität betrifft. Übungen zur Stress- und Konfliktbewältigung sowie das Erlernen eines guten Zeitmanagements können dabei hilfreich sein. Vor allem die Arbeitsplatzsituation, die häufigste Ursache des Burn-out-Syndroms, muss diskutiert werden. Wichtig ist hier eine umfassende Aufklärung der meist komplexen Ursachen, eine intensive Motivationsarbeit und vor allem das Gefühl des Betroffenen, vom Therapeuten verstanden und angenommen zu werden. Eine Burn-out-Therapie ist keine vorübergehende Maßnahme: Ziel dieser Therapie ist es, die Lebensgewohnheiten und Selbsteinschätzung des Betroffenen nachhaltig zu verändern und Bewältigungsstrategien für den Alltag zu vermitteln.

Den Zustand des Patienten verbessern können beispielsweise pflanzliche Wirkstoffe wie Johanniskraut (stimmungsstabilisierend).

Für viele Menschen ein äußerst schwieriger Vorgang, sich seelisch ausziehen zu müssen. Deshalb ist es hier unabdingbar, dass die Medizin zwischen dem Betroffenen und der/dem Therapeuten stimmt.

In meiner Geschichte kam ich Im Sommer 2008 über gute Kontakte an eine empfohlene Psychologin. Schon beim ersten Kontakt fühlte ich, da bin ich in den richtigen Händen. Es ist eine sehr erfahrene Psychologin auf diesem Gebiet. Sie wurde für das nächste Dreivierteljahr wöchentlich mein Begleiter.

Schon im ersten Termin stellte sie fest, dass ich aufgrund des Mobbings in mehreren Fällen schwer traumatisiert war. In unzähligen Stunden baute sie mein verlorenes Selbstvertrauen wieder auf und machte mir neuen Mut. Eine schwere Aufgabe den Spagat zwischen dem vergangenen und jetzigen Zustand zu schaffen. Auch half sie mir, die 100 angezogenen Schuhe der Verantwortlichkeit nach und nach auszuziehen. Mir und meiner Seele tat sie gut.

Ich fühlte mich endlich verstanden und angekommen. Es ging bei mir auch körperlich langsam bergauf.

Therapeutin und Arzt waren sich darüber einig, dass ich nie wieder an diesen Arbeitsplatz zurückkehren konnte. Es ist sehr wichtig, dass Ärzte und Therapeuten eine gleiche Linie vertreten. Schon alleine wegen der zu erstellenden Gutachten.

Auf der Folgeseite erscheint eine Übersicht, die ich gemeinsam mit meiner Psychologin ausgearbeitet und bearbeitet habe. Mir half die direkte Gegenüberstellung sehr.

Festzuhalten bleibt, dass bei einem akuten Burn-out generell eine professionelle Hilfe unumgänglich ist. Allein schafft es Keiner, da herauszukommen.

Jeder Betroffene hat seine ganz individuelle Geschichte und Gewichtung bei den Einflussfaktoren.

Persönliches Empfinden des totalen Zusammenbruchs in der Übersicht

Vorher	Nachher	Maßnahmen zur Gegensteuerung
Powerful	sich total kraftlos und ausgebrannt fühlen	sportliche Tätigkeit aktiviert
Leistungsstark	gestörtes Gefühl zu eigenen Leistungen	Akzeptanz des bisher Geleisteten
Innovativ	bisheriges Ziel aus den Augen verloren	neue Perspektiven schaffen
Kämpferisch	das Gefühl zu viel eigene Energie verschwendet zu haben	mit der Energie haushalten
Mutig	Mutlosigkeit	mir selbst wieder Mut machen
Hohes soziales Engagement	Rückzug von der Außenwelt	wieder langsames Zugehen auf die Außenwelt
Hohe Belastbarkeit in Stresssituationen	Panikattacken bei Stresssituationen	Atemübungen
Hohes Energieniveau	niedriges Energieniveau	täglich mit Reiki arbeiten
Hohe innere Antriebskraft	Antriebslosigkeit	für positive Situationen sorgen
Bodenständigkeit	Boden unter den Füßen verloren	Bodenständigkeit zurückholen

Vorher	Nachher	Maßnahmen zur Gegensteuerung
Den Anforderungen gewachsen sein	das Gefühl keinen Anforderungen mehr gewachsen zu sein	geregelte Tagesabläufe trainieren
Effektives Zeitmanagement	Zeitgefühl verloren	Zeitgefühl zurück gewinnen
Hohe Ansprüche an mich selbst	Ansprüche in Frage stellen	gesundes Maß trainieren
Perfektion in Koordinierungsabläufen	eigene Perfektion in Frage stellen	Perfektion in Maßen
Hohes Maß an Disziplin ein gebracht	Diszipliniertheit in Frage stellen	Disziplin in täglichen Abläufen trainieren
Sehr hart zu sich selbst	den Sinn in Frage gestellt	weicher werden
Lebensfreude	Sinnlosigkeit empfunden	neue Sinnfindung
Positives Denken	negatives Denken über mich selbst	arbeiten an positivem Denken
Vorbildfunktion	sich in dieser Funktion gestresst fühlen	mit Funktion auseinandersetzen
		Musik hören
		Lesen
		Kreatives Schreiben
		Gespräche mit anderen Betroffenen
		Entspannungsübungen

Nachfolgend gehe ich auf die verschiedenen Punkte der erarbeiteten Tabelle ein:

Vor dem Burn-out sah ich mich selbst

- Powerful
- Leistungsstark
- Innovativ
- Kämpferisch
- Mutig
- Hohes soziales Engagement
- Hohe Belastbarkeit in Stresssituationen
- Hohes Energieniveau
- Hohe innere Antriebskraft
- Bodenständigkeit
- Den Anforderungen gewachsen sein
- Effektives Zeitmanagement
- Hohe Ansprüche an mich selbst
- Perfektion in Koordinierungsabläufen
- Hohes Maß an Disziplin eingebracht
- Lebensfreude
- Positives Denken
- Vorbildfunktion

Über viele Jahre hinweg empfand ich mich selbst als powerful und leistungsstark. Kämpferisch, mutig und innovativ stellte ich mich den Anforderungen. Ich fühlte mich lange Zeit den Anforderungen gewachsen. Hohes soziales Engagement waren für mich eine Selbstverständlichkeit. Auch verfügte ich über einen sehr langen Zeitrahmen über ein hohes Energieniveau und hohe innere Antriebskraft. Hohe Belastbarkeit in Stresssituationen sowie Bodenständigkeit waren in meinem Job unabdingbar. Es muss hier auch erwähnt werden, dass ich sehr hohe Ansprüche an mich selbst stellte. In den vielen Jahren erzielte ich eine gewisse Perfektion in den Koordinierungsabläufen gepaart mit einem hohen Maß an Disziplin.

Lebensfreude und positives Denken waren dennoch lange Zeit meine Begleiter trotz schwieriger Umstände. Die Vorbildfunktion im Team setzte mich allerdings zusätzlich unter Druck. Die Anforderungen waren immens hoch.

Nach dem Zusammenbruch

- total kraftlos und ausgebrannt fühlen
- gestörtes Gefühl zu eigenen Leistungen
- bisheriges Ziel aus den Augen verloren
- das Gefühl zu viel eigene Energie verschwendet zu haben
- Mutlosigkeit
- Rückzug vor der Außenwelt
- Panikattacken bei Stress
- niedriges Energieniveau
- Antriebslosigkeit
- Boden unter den Füßen verloren
- das Gefühl keinen Anforderungen mehr gewachsen zu sein
- Zeitgefühl verloren
- Ansprüche in Frage stellen
- eigene Perfektion in Frage stellen
- Diszipliniertheit in Frage stellen
- den Sinn in Frage gestellt
- Sinnlosigkeit empfunden
- negatives Denken über mich selbst
- sich in dieser Funktion gestresst fühlen
- das Gefühl, nur durch Leistung und Anpassung geliebt, geschätzt oder zumindest akzeptiert zu werden

Der Boden unter den Füßen war weg. Ich starrte in einen Abgrund. Ich stellte mich selbst und mein bisheriges Leben in Frage. Auch

hatte ich mein Zeitgefühl verloren. Ich befand mich in einem Tunnel. Alles rundum geschah für mich in Zeitlupentempo. Ich nahm kaum Notiz davon, was um mich geschah. Ich konnte mich nicht mehr auf mich selbst verlassen. Mein Selbstvertrauen war dahin. Meine bisherige Diszipliniertheit stellte ich in Frage. Absolute Sinnlosigkeit erfasste mich. Ich hielt nichts mehr von mir selbst. Meine einstige Energie und der Antrieb waren auf der Strecke geblieben. Ich fühlte mich keinerlei Anforderungen mehr gewachsen. Ich war total ausgebrannt. Nichts ging mehr.
Tiefe Traurigkeit machte sich breit. Rückblickend erkannte ich, dass mich diese sogenannte Vorbildfunktion im Team zusätzlich über Jahre enorm unter Druck setzte.

Ich erkannte auch, dass ich viel zur hart zu mir selbst gewesen bin. Ich stand regelrecht unter Zwang alles perfekt abzuspulen. Auch mein persönlicher Ehrgeiz spielte eine nicht unerhebliche Rolle. Ich trieb mich über einen langen Zeitrahmen bis zur Höchstgrenze an.

Erschöpfungszustände waren an der Tagesordnung. Kopfschmerzen und Schwindelgefühle kamen hinzu. Auch Schlafstörungen folgten.

Das Ausbrennen ist die schmerzliche Erkenntnis (von Helfern), dass sie diesen Menschen nicht mehr helfen können, dass sie nicht mehr zu geben haben und sich völlig verausgabt haben.

Ich befand mich in einer tiefen Depression.
Ich fühlte mich total niedergeschlagen und ohne (Lebens-)Freude. Mich interessierte so gut wie nichts mehr. Eine Schutzmauer lässt vermeintlich Unschönes abprallen, verhindert aber auch Freude an positiven Ereignissen.
Die Antriebskraft fehlte total. Körperliche Beschwerden wie Schlafstörungen, Herzrasen, Kopfschmerzen und Schwindelgefühle waren an der Tagesordnung.

Ich empfinde mich zwar nicht als völlig geheilt, aber die ganz schlimmen Angst- und Panikattacken sind seit Langem nicht mehr aufgetreten. Natürlich meldet sich manchmal noch unbegründete übermäßige Angst, aber ich weiß jetzt, worin ihre Ursachen liegen und habe nicht mehr das Gefühl, ihr total ausgeliefert zu sein. Da hat mir die Therapie sehr geholfen oder vielleicht sollte ich sagen, durch die Therapie konnte ich mir sehr helfen.

Das ist so ein Punkt, der mir erst mal klar werden musste: Meine Probleme kommen nicht von irgendwoher, es hängt auch damit zusammen, wie mein „emotionales Innenleben" in der Kindheit trainiert wurde, und die war eben zum Teil ungünstig.
Ich fühle mich jetzt wie jemand, der sein Leiden mit durchs Leben tragen muss, was aber durch Therapie und bewusstes Auseinandersetzen zu lindern war und ist. Seit ich langsam einsehe, dass ich emotional wohl immer sehr viel leichter als der Durchschnittsmensch irritierbar bin, gönne ich mir bewusst mehr Rücksichtnahme und Verständnis für mich selbst und das nimmt mir schon mal sehr viel Druck von der Seele.

Bei mir war es so, dass ich meine Panik noch selbst verschlimmerte, weil ich glaubte, ich müsste mein Leben/ Körper so im Griff haben, dass mir so etwas wie grundlose Panikattacken nicht passieren dürfte.

Die folgenden Wochen und Monate drehten sich einzig und alleine um meine Ängste und Panikattacken, in die ich mich regelmäßig hineinsteigerte. Alles wirkte unwirklich und irreal auf eine gewisse Art und Weise.
Johanniskrautpräparate bildeten meine Stütze.

Du fühlst, was Du denkst.
Nichts könnte es treffender beschreiben.

Negative, angstvolle Gedanken führten zwangsläufig dazu, dass ich mich schlecht und ängstlich fühlte.
Dies führte im Umkehrschluss dazu, dass ich mich ausschließlich mit den negativen Phasen meines Lebens beschäftigte.
Nicht alles ist schlecht. Nur ist es wohl bei jedem, der unter Angst- und Panikattacken leidet so, dass die negativen Phasen präsent sind.

12 Monate litt ich unter Panikattacken und Angstgedanken. Hinter her kam eine schwerste Depression dazu. Mein Leben drehte sich nur noch um Angst und hatte kaum noch Lebensqualität.

Immer auf der Suche nach Heilung. Den richtigen Therapeuten zu finden ist schwieriger als einen 6 er im Lotto.

Maßnahmen zur Gegensteuerung

- sportliche Tätigkeit aktiviert
- Akzeptanz des bisher Geleisteten
- neue Perspektiven schaffen
- mit der Energie haushalten
- mir selbst wieder Mut machen
- langsames Zugehen auf die Außenwelt
- Atemübungen
- täglich mit Reiki arbeiten
- für positive Situationen sorgen
- Bodenständigkeit zurückholen
- in geregelten Tagesabläufen trainieren
- Zurückgewinnung in Tagesabläufen
- gesundes Maß trainieren
- Perfektion in Maßen
- Disziplin in täglichen Abläufen trainieren
- weicher werden
- neue Sinnfindung
- arbeiten an positivem Denken
- mit Funktion auseinandersetzen

Mit den Gegensteuerungsmaßnahmen ist es besonders in den Anfangsphasen sehr schwierig und praktisch unmöglich. Es ist von Null wieder anzufangen. Besonders die Kraftlosigkeit und Antriebslosigkeit steht hier im Wege. Es ist das Lernen wieder in kleinen Schritten auf das Leben zuzugehen. In meiner schlimmsten Zeit schlief ich viel. Der Körper holte sich das zurück, was ihm in absoluten Stresszeiten über einen langen Zeitrahmen entzogen wurde.

In solchen Phasen ist es ungeheuer wichtig, nicht nur in den äußeren Umständen, sondern auch vor allen Dingen innerlich zur Ruhe zu kommen. Gegen die innere Angespanntheit, die körperliche Blockaden zur Folge hatten, halfen leichte Entspannungsübungen. Vor allen Dingen kommt es auf die richtige Dosis an. Will der Kopf zu viel, gerät der Körper schon wieder in Stress. Enorm wichtig ist es in diesen Phasen wieder zu einem geregelten Tagesablauf zu gelangen. Wir sind durch den erlebten Zusammenbruch viel langsamer geworden. Die einstige Schnelligkeit und erlangte Perfektion im Tagesgeschehen ist dahin. Es heißt hier, die hohen Ansprüche an sich selbst drosseln. Hier muss ein gesundes Maß erarbeitet werden.

Unabdingbar für Burn-out-Opfer ist eine entspannte Atmosphäre. Hektische und nervöse Menschen tun keinem Burn-out-Opfer gut und erst recht keinen Stress in irgendeiner Form. Das meiden von Negativität in jeder Form ist unerlässlich. Burn-out-Patienten benötigen viel Zeit und viel Ruhe, um wieder zu sich selbst zu finden und Frieden zu schließen mit ihrer Lebenssituation.

Wichtig ist ein gutes Zeitmanagement. Planen Sie nach Möglichkeit großzügig. Sie sollten genug Pufferzeit zur Verfügung haben und Erholungsphasen einplanen. Setzen Sie kurzfristige und langfristige Ziele realistisch an, um sich nicht selbst unter Druck zu setzen.

Beleuchten des eigenen Perfektionsdrangs und runter fahren. Auch mal „fünf gerade sein" lassen. Das gleiche gilt für unrealistische oder überhöhte Vorstellungen von Leistung.

Die Gedanken vom Stressauslöser weg lenken und auf etwas Schönes bzw. Neutrales konzentrieren. Musik hören oder an das nächste Urlaubsziel denken.

Nehmen Sie sich auch mal Zeit für spontanes Nichtstun und das konsequent.

Bei den meisten Stress-Betroffenen kommen die Erholungsmomente viel zu kurz; Hobbys und Freundschaften werden über längere Zeit vernachlässigt. Um Stressabbau und Stressbewältigung gezielt anzugehen, ist es wichtig, die Erholungsmomente wieder zu aktivieren.

Burn-out-Patienten benötigen viel Zeit und viel Ruhe, um wieder zu sich selbst zu finden und Frieden zu schließen mit ihrer Lebenssituation.

Über Jahre hat der „Verstand" regiert und zum Durchhalten „aufgerufen".
Seien Sie „egoistisch" und handeln Sie während der Regenerationsphase nur nach Ihrem Gefühl. Erfolgserlebnisse suchen.

Zeit zur Regeneration akzeptieren.
Burn-out hat sich über einen langen Zeitraum entwickelt und ist nicht mit ein paar Medikamenten und einem Urlaub/Kur in ein paar Wochen zu „heilen".

Überlegen Sie: Was hat mir früher gutgetan? Was hat mir früher Spaß gemacht? Planen Sie diese Aktivitäten wieder mehr in Ihr Leben ein.

Als ich mich wirklich selbst zu lieben begann, habe ich verstanden, dass ich immer und bei jeder Gelegenheit zur richtigen Zeit am richtigen Ort bin und dass alles, was geschah, richtig ist. Von da an konnte ich ruhig sein. Heute weiß ich, das nennt sich Selbstachtung!

Als ich mich wirklich selbst zu lieben begann, konnte ich erkennen, dass emotionaler Schmerz und Leid nur Warnungen für mich sind, gegen meine eigene Wahrheit zu leben. Heute weiß ich, das nennt man Authentisch-Sein!

Als ich mich wirklich selbst zu lieben begann, habe ich verstanden, wie sehr es jemanden beschämt, ihm meine Wünsche aufzuzwingen, obwohl ich wusste, dass weder die Zeit reif noch der Mensch dazu bereit war und auch wenn ich selbst dieser Mensch war. Heute weiß ich, das nennt sich Selbstachtung!

Als ich mich wirklich selbst zu lieben begann, habe ich aufgehört mich nach einem anderen Leben zu sehnen und konnte sehen, dass alles um mich herum eine Aufforderung zum Wachsen war. Heute weiß ich, das nennt man Reife!

Als ich mich wirklich selbst zu lieben begann, habe ich aufgehört mich meiner freien Zeit zu berauben und ich habe aufgehört weiter grandiose Projekte für die Zukunft zu entwickeln. Heute mache ich nur was mir Spaß und Freude bereitet, was ich liebe und was mein Herz zum Lachen bringt auf meine eigene Art und Weise und in meinem Tempo. Heute weiß ich, das nennt man Ehrlichkeit!

Als ich mich wirklich selbst zu lieben begann, habe ich mich von allem befreit, was nicht gesund für mich war, von Speisen, Menschen, Dingen, Situationen und von Allem, das mich immer wieder hinunter zog, weg von mir selbst. Anfangs nannte ich das gesunden Egoismus, aber heute weiß ich, das ist Selbstliebe!

Als ich mich wirklich selbst zu lieben begann, hörte ich auf, immer recht haben zu wollen, so habe ich mich weniger geirrt. Heute habe ich erkannt, das nennt man Einfach-Sein!

Als ich mich wirklich selbst zu lieben begann, habe ich mich geweigert immer weiter in der Vergangenheit zu leben und mich um meine Zukunft zu sorgen. Jetzt lebe ich nur mehr in diesem Augenblick wo alles stattfindet. So lebe ich jeden Tag und nenne es Vollkommenheit!

Als ich mich wirklich selbst zu lieben begann, da erkannte ich, dass mich mein Denken armselig und krank machen kann. Als ich jedoch meine Herzenskräfte anforderte, bekam mein Verstand einen wichtigen Partner, diese Verbindung nenne ich Herzensweisheit!

Wir brauchen uns nicht weiter vor Auseinandersetzungen, Konflikten und Problemen mit uns selbst und anderen zu fürchten, denn sogar Sterne knallen manchmal aufeinander und es entstehen neue Welten. Heute weiß ich, das ist das Leben!
C.C.

Hilfreiche Maßnahmen:

- Sofortige Umstellung negativer Lebensumstände
- Kein Überengagement mehr
- Vermeidung von Isolation (Burn-out – Betroffenen sind oftmals Einzelgänger)
- Sportliche und freizeitliche Aktivitäten (anfänglich Spaziergänge)
- Trennung von Arbeit und Privat
- Zeitweises Abstellen des Telefons
- Kein Internet
- mindestens 7 – 8 Stunden Schlaf pro Nacht

- Gebrauch des Wortes NEIN
- Legen Sie Kreativpausen ein
- Entspannungstechniken durchführen
- Autogenes Training
- Meditation

Da aber oft Paniksituationen vorliegen, können sie sich meist selbst nicht helfen. Aus diesem Grund sind Menschen aus dem sozialen Umfeld gefragt, mit denen diese schwierige Situation besprochen werden sollte. In manchen Fällen ist fachmännischer Rat unumgänglich.

Motivation von außen funktioniert meist nur kurzfristig, wenn überhaupt.
Wer hingegen ein großes Ziel vor Augen hat, den machen widrige Umstände nicht viel aus. Die Begeisterung für das Ziel ist die Motivation.

Die Reaktionen des unmittelbaren Umfeldes
auf mein Burn-out-Syndrom

> Betrachte eine negative Erfahrung
> wie das Negativ einer Fotografie;
> man kann von ihm ungezählte
> Positive gewinnen.

Tja, da waren viele negative Erfahrungen. Absolute Hilflosigkeit war an der Tagesordnung. Die Diagnose zog Kreise im Familienkreis und Freundeskreis.
Viele reagierten entsetzt und unverständlich. Sie konnten damit nicht umgehen. Ausgerechnet mir war so etwas passiert. Hilflosigkeit machte sich breit. Die Gesellschaft wendet sich ab. Die Auswirkungen unserer Leistungsgesellschaft werden immer häufiger in der Öffentlichkeit thematisiert. Scheinbar machtlos stehen wir den wachsenden psychischen Belastungen gegenüber.

Schließlich kannten sie mich alle immer leistungsstark, verantwortungsbewusst und positiv dem Leben gegenüberstehend. Diese Burn-out Diagnose hat mit enormer Tragweite gegriffen. Wir wissen alle, dass wir in unserer Gesellschaft zu funktionieren haben. Sollte dies nicht mehr der Fall sein, sieht die Welt ganz anders aus. Anfangs nahm ich die unterschiedlichen Reaktionen stillschweigend hin, ich war nicht in der Lage, mich dagegen zu wehren aufgrund meines desolaten Zustandes. Ich ließ Bemerkungen und gut gemeinte Ratschläge über mich ergehen.

Rückblickend häufen sich die Erkenntnisse. Auch der Wert von Freundschaften gewann für mich eine völlig neue Bedeutung.

Freundschaft hat heute für mich einen ganz anderen Stellenwert. In Zeiten der Sorgen und Nöte, Ängste und des Zusammenbruchs erkennen wir sehr schnell, wer definitiv Anteil nimmt und für Dich da ist. In meinem Fall zerbrachen langjährige Freundschaften. Ich passte nicht mehr in das Schema. Enttäuschungen blieben wiederum nicht aus.
Allerdings habe ich auch in diesen Phasen die wahre Präsenz eines Freundes schätzen gelernt.

Doch es gab auch positive Begegnungen während meiner Krankheitsgeschichte. Menschen, die mir Mut machten und versuchten, mich wieder aufzubauen. Diese Menschen waren für mich da, ob persönlich oder telefonisch. Besonders Gespräche mit anderen Burn-out Opfern erwiesen sich als sehr hilfreich, informativ und tröstend.

Was ändert sich nach der Burn-out Erfahrung

> Manchmal, wenn der Schmerz
> sehr groß ist, wünsche ich mir
> einen neuen Schmerz; nur der
> ist stark genug, den anderen zu
> zu vertreiben.

Alles. Es fanden riesige Abnabelungsprozesse im Inneren statt. Bisherige Einstellungen und Verhaltensweisen wurden selektiert. Die Frage, wie es zum Burn-out überhaupt kam, ist hier das Hauptthema. Die Gegensteuerung von mir hätte früher erfolgen müssen. Aber in der heutigen Arbeitswelt sind wir in die Rolle gepresst zu funktionieren ohne Rücksicht auf Anzeichen der Symptomatik. Das eigentliche Bewusstsein für uns selbst geht verloren bzw. zeigt Risse. Der Körper und Geist reagieren schon lange vorher doch wir übergehen die Anzeichen. Wir sind im Trott und haben zu funktionieren. Diese Maschinerie greift nachhaltig in den einzelnen Prozessen. Es ist sehr schwierig, sich einzugestehen, dass wir nicht mehr funktionieren. Unsere bisherige Weltanschauung ist total zusammengebrochen.

Es findet eine vollkommene innerliche Umwandlung statt. Wir werden noch sensibler und sensitiver. Laute Menschen, Lärm werden als sehr störend empfunden. Es besteht überhaupt keine Notwendigkeit mehr im Rampenlicht bzw. Mittelpunkt zu stehen. Im Gegenteil, wir genügen uns selbst.

Auch habe ich wieder die kleinen Dinge des Lebens, die die Lebensfreude ausmachen, schätzen gelernt.

Im Frühjahr 2009 ließ ich mich durch eine Kanzlei spezialisiert auf Arbeitsrecht in meinem Fall vertreten. Es gab ein sogenanntes Agreement zwischen Arbeitnehmer und Arbeitgeber. Ich schied darauf hin zum 30.09.2009 aus. Die Abfindung, die gezahlt wurde, sehe ich als Schmerzensgeld. Dies war und ist der absolute Befreiungsschlag für mich gewesen.

Diese Übereinkunft ermöglichte es mir, mich endlich endgültig innerlich vom Arbeitgeber zu trennen. Bis dahin hatte ich mich immer noch verbunden bzw. verpflichtet gefühlt. Ich war nicht frei.

Zum ersten Mal taten sich für mich neue Wege auf. Wege in eine ganz andere Richtung.
Ich lernte sehr schnell von den Türen die sich schlossen und schritt durch die Türen die sich öffneten.

Meine Zielvorstellung war die berufliche Selbstständigkeit. Beim Visualisieren dieses Zieles stellte ich mir beispielsweise vor, wie

- ich in meinem schönen Büro sitze,
- an meinem eigenen Werbeauftritt arbeite,
  Aufträge reinkommen,
- neue und interessante Kontakte knüpfe.

Beim Visualisieren geht es also darum, sich das erreichte Ziel in positiven Bildern vorzustellen und auch die Emotionen, die Sie dabei empfinden – z. B. die Freude.

Im Herbst 2009 setzte ich meine Zielvorstellung in die Tat um machte mich in der Burn-out Beratung selbstständig. Eine richtige Entscheidung. Als Selbstbetroffene möchte ich Menschen helfen, ein Burn-out zu erkennen und rechtzeitig gegenzusteuern. Gerade wenn Mobbing im Spiel ist. Leider heute an der Tagesordnung.

Ich habe akzeptiert, dass Burn-out zu meinem Leben gehört. Ich verstehe mich heute als Burn-out-Aktivist. Ich lebe heute viel bewusster, als früher.

Auf Stress reagiere ich heute allergisch. Gottseidank verläuft mein Leben jetzt in ruhigeren Bahnen. Vor allen Dingen bin ich nicht mehr bereit, für irgendeinen Chef zu arbeiten. Meine Erfahrung reicht mir für den Rest meines Lebens.

Die Selbstständigkeit ist für mich genau das Richtige. Vor allen Dingen befreit der Aufbau den Kopf von alten Verhaltensmustern und festgefahrenen Abläufen. Es tun sich ganz neue Wege und Möglichkeiten auf. Das Leben hat wieder einen Sinn. Energie und Power kommen langsam zurück.

Der Langsamste, der sein Ziel nicht aus den Augen verliert, geht noch immer geschwinder, als jener, der ohne Ziel umherirrt.

Erste Hilfe bei Burn-out

> Es muss Herzen geben, welche die
> Tiefe unseres Wesens kennen und auf uns
> schwören, selbst wenn die ganze Welt
> uns verlässt.

Burn-out ist ein Thema, dass als Tabu in vielen Unternehmen gilt, aus Angst vor Konsequenzen.

Eine Krankheit bei der die Betroffenen von Krankenkassen und Ärzten viel zu sehr im Stich gelassen werden. Eine Diagnose mit der die wenigsten umzugehen wissen.

Wie auch? Das Wichtigste ist, von Anfang an in die richtigen Hände zu geraten.

Was ich als sehr wichtig erachte, ist der Austausch mit anderen Betroffenen im Einzelgespräch. Während meiner Krankheitsgeschichte bin ich vielen Burn-out Opfern begegnet zumindest vielen, die kurz vor einem Burn-out standen. Auch sie durchliefen bzw. durchlaufen diesen schmerzlichen Weg. Immer wieder greifen hier die Standardempfehlungen der Ärzte bzw. Krankenkassen. Dem Betroffenen bringen sie meistens nichts.

Wenn Betroffene in ihrer schwierigen Situation Eigeninitiative aufbringen und sich selbst einen geeigneten Psychologen und Therapeuten aus dem Telefonbuch suchen, folgt häufig die Ernüchterung. Wartezeiten von drei bis sechs Monaten!! Überall!

Gerade in der Phase der Suche nach Hilfe sind Burn-out-Opfer auf sich alleine gestellt. Die gegenseitige Hilfe allein schon durch Kommunikation kann helfen neuen Mut zu fassen.

Es gibt in der Literatur Phasenmodelle, die die Entwicklung von Burn-out beschreiben. Für mich ist das ein eher theoretischer Ansatz, der dem Betroffenen nicht wirklich weiterhilft.

Meiner Meinung nach ist eine Burn-out Beratung der erste Schritt in die richtige Richtung. Hier kann in Einzelsitzungen herausgearbeitet werden, wie tief die Betroffenen bereits in der Krise stecken und ob Mobbing im Spiel ist. In den Einzelgesprächen können neue Sichtweisen gemeinsam erarbeitet werden. Möglichkeiten einen Ausweg aus der Krise zu finden. Wege finden, erfolgreich gegen Mobbing vorzugehen.

Wenn man die ersten Burn-out-Alarmsignale des Körpers (Erschöpfung, Gereiztheit und innere Leere) ernst nimmt und sich damit auseinandersetzt, kann man einem Burn-out bereits in seinen Anfängen begegnen. Es ist möglich, dem Burn-out vorzubeugen. Wichtig ist also ein achtsamer Umgang mit sich selbst.

Erwarten Sie nicht zu viel von sich selber. Das haben Sie lange genug getan!

Jeder Mensch hat das Bedürfnis nach Nähe und Gegenseitigkeit. Die Zugehörigkeit zu einem sozialen System und die Anforderungen, die sich aus der im System eingenommenen Rolle für jeden Einzelnen ergeben, sind äußerst wichtig im Leben. Für Menschen, die unter dem Burn-out leiden, ist soziale Unterstützung besonders wichtig. Dabei darf aber auch nie vergessen werden, dass gerade in den helfenden Berufen und bei den ehrenamtlich Tätigen das Burn-out besonders häufig ist. Soziale Unterstützung kann man nicht nur in Personen finden, sondern auch in Tieren (Haustiere), Tätigkeiten (Musikhören, Kochen, Fernsehen, Hobbys), Orten (Wald) oder auch in Pflanzen.

Welche Unterstützungsmöglichkeiten zur Verfügung stehen und welche neu geschaffen werden können, muss jeder für sich selbst herausfinden.

Wie können beispielsweise Familienmitglieder aber auch Freunde einem Burn-out Betroffenen helfen?
Eigentlich nur durch viel Geduld und Interesse an der Erkrankung.

Grundsätzlich ist es nicht gesundheitsförderlich, sich übertriebene Ziele zu setzen. Auch sich selbst zu wenig abzufordern, ist nicht gesund. Oft hängt Burn-out damit zusammen, dass man sich der eigenen Ambitionen und Hoffnungen nicht mehr bewusst ist. Aus diesem Grund sollte jeder nach Abklärung der eigenen Prioritäten, seine kurz- und langfristigen Ziele neu überdenken und beurteilen und sie auf ihre Realisierung hin überprüfen. Man sollte stets zwischen Problemen, die man lösen kann und denen, die nicht lösbar sind unterscheiden. Am meisten erreicht man, wenn man sich nur auf die wenigen Dinge konzentriert, die man auch wirklich ändern kann.

Menschen die sich in einer Krise befinden neigen zu einer Erwartungshaltung, möglichst schnell und unkonventionell Hilfe von „außen" zu erhalten. Diese Haltung ist normal und sehr gut zu verstehen.
Die Hilfsangebote sind zum Teil vielfältig und unüberschaubar.

Die Suche nach einem geeigneten Therapeuten, der sich mit Burn-out-Patienten auskennt, gestaltet sich schwierig. Inzwischen gibt es jedoch einige Krankenhäuser mit Schwerpunkt Psychotherapie oder Psychosomatik, die Behandlungen für Burn-out-Patienten anbieten.

Zeigen sich erste Symptome eines Burn-out, ist eine drastischen Umstellung der Lebensgewohnheiten angeraten. Dazu können auch ein Wechsel des Arbeitsplatzes oder ein Ausstieg zählen. Zu einem späteren Zeitpunkt sollte dann kurativ vorgegangen werden, damit der Betroffene wieder auf die Füße kommt. So die generelle Standardempfehlung der allgemeinen Ärzte.

Betroffene sollten versuchen, innerhalb der Arbeit die Bedingungen herauszubekommen, die bei einem selbst dazu geführt haben, dass man ausbrennt. „Es ist wichtig, bei Kollegen das Problem anzusprechen, um herauszufinden, ob dieses Problem auch bei anderen vorliegt oder nur individuell ist. Geht es den Kollegen ähnlich, sollte man gemeinsam versuchen, an einer Verbesserung der Arbeitsbedingungen zu arbeiten.
Allerdings liegen die Antworten immer in uns selbst. Auch eine evtl. notwendige Veränderung der individuellen Lebenssituation kann nur durch die/den Betreffende(n)
selbst umgesetzt werden. Daher sollten Betroffene bei der Suche nach Ihrer eigenen Antwort unterstützt und, wenn gewünscht, auf dem Weg der Umsetzung begleitet werden.
Ein Mensch der seine eigenen Antworten findet und sie auch im Einklang mit sich selbst umsetzt, handelt authentisch und kann mit dieser Erfahrung gestärkt aus einer Krise hervorgehen.
Suchen Sie sich einen Therapeuten, der Erfahrung im Bereich Burn-out hat. Burn-out ist nicht „irgendwie psychisch" und schon gar nicht heilbar durch „zusammenreißen".

Scheuen Sie sich nicht, Hilfe in Anspruch zu nehmen. Scham oder Schuldgefühle bringen Sie nicht weiter. Ein Burn-out trifft normalerweise die aktiven, leistungsorientierten Menschen. Mit persönlichem Versagen hat ein Burn-out überhaupt nichts zu tun. Es ist auch kein Zeichen von Faulheit oder Desinteresse, wenn Ihr Körper „Stopp!" sagt.

Zielsetzung

Als ehemalige Betroffene spreche ich aus eigener Erfahrung. Heute bin ich dankbar dafür, dass ich seinerzeit die Entscheidung getroffen habe, mein Schicksal, sprich mein Wohlbefinden selbst in die Hand zu nehmen.
Nach ca. 12 Monaten Angst lebe ich heute angstfrei. Keine Panikattacken mehr, keine Angstzustände mehr. Auch mit Stress kann ich jetzt umgehen. Ich bin heute der Meinung, dass die Angst eine Chance ist, wenn wir die Herausforderung annehmen und uns ernsthaft und eigenverantwortlich mit dieser Problematik auseinandersetzen.

Zielsetzung ist es nach einem durchlebten Burn-out wieder die Balance zwischen Körper, Geist und Seele zu finden. Nachstehendes gönne ich mir heute öfters.

Seelenfenster

Von Zeit zu Zeit
sich zurückziehen
in das Haus
unserer Seele,
Schweigen,
Ausruhen,
ganz für sich sein.
Die Seelenfenster
vom Staub des
Alltags befreien,
an verschlossenen
Türen rütteln,
sich selber auf
den Grund gehen.
und dann hinaus treten in
die Sonne: Da bin ich wieder!

Schlussplädoyer

Erfolg ist das, was folgt, wenn man sich selbst folgt.

Sollte mein Buch Mobbern in die Hände fallen, bitte ich einmal darüber nachzudenken, was Mobbern ihren Opfern antun, mit allen Konsequenzen und Tragweiten. Oft ist es denen gar nicht bewusst. Meine Erfahrung in diesem Zusammenhang ist: Wer mobbt, wird selbst gemobbt!

Schauen Sie bitte genau hin, wenn Mobbing im Spiel ist bei sich selbst oder anderen Menschen. Greifen Sie ein und schauen Sie nicht weg. Sonst besteht keine Chance auf eine Änderung. Holen Sie sich wenn nötig Hilfe von außen.

Ich möchte mit diesem Buch die Menschen erreichen, die mit Burn-out konfrontiert werden und wurden, ob mit oder ohne Mobbing.

Mein Buch soll kein allein gültiger Ratgeber zum Umgang mit den Burn-out-Syndrom sein, sondern eher ein Erfahrungsbericht für alle, die auf der Suche nach Hilfe und Informationen rund um das Burn-out-Syndrom sind.

Nehmen Sie die Klagen Ihres Partners, Familienangehörigen, Freundes oder Kollegen über ständige Erschöpfung, abnehmende Leistungsfähigkeit und permanente Unzufriedenheit unbedingt ernst. Versuchen Sie, ihn aus dem beginnenden Teufelskreis rauszureißen und motivieren Sie ihn z. B. zu gemeinsamen freizeitlichen Aktivitäten. Hält der Zustand an, sollten Sie in jedem Fall ärztliche Hilfe in Anspruch nehmen.

Schlusswort der Autorin:

Als Autorin möchte ich unerkannt bleiben, um mich und die vielen involvierten Menschen in meiner Geschichte zu schützen.

Danken möchte ich in erster Linie meinem Mann, der mich sehr unterstützend durch meinen Leidensweg der beiden letzten Jahre unerschütterlich begleitete.
Auch den vielen wunderbaren Menschen, die mich in dieser Zeit ebenfalls unterstützten, Anteil nahmen und zu mir hielten.
Dankbar bin ich auch für die Erfahrung mit einigen Menschen, die sich für mich letztendlich als wahrer Freund entpuppten.
Und nicht zuletzt bin ich dankbar für meine wunderbare und großartige Familie, die jederzeit uneingeschränkt für mich da war und mir das Gefühl von Sicherheit und Schutz vermittelte.

Heute staune ich über mich selbst und die Entwicklung. Ich kann mich mit einem guten Gefühl zurücklehnen.
Ich habe das Leben neu schätzen gelernt.

Für Leserpost, Fragen rund um dieses Thema und Kommentare bin ich unter meiner E-Mail-Adresse Monique.Federdale@gmx.de zu erreichen.

www.ingramcontent.com/pod-product-compliance
Lightning Source LLC
Chambersburg PA
CBHW021025090426
42738CB00007B/913